Impressum
Verlag: BABADADA GmbH, Nedderfeld 112 , 22529 Hamburg
Geschäftsführer / Verlagsleitung: Harald Hof
Druck: Books on Demand GmbH, In de Tarpen 42, 22848 Norderstedt

Imprint
Publisher: BABADADA GmbH, Nedderfeld 112 , 22529 Hamburg, Germany
Managing Director / Publishing direction: Harald Hof
Print: Books on Demand GmbH, In de Tarpen 42, 22848 Norderstedt, Germany

სკოლა
ښوونځی

საკლასო ოთახი
გაყოფა
تقسیم
186/2
დაფა
სკოლის ეზო
د ښوونځي حویلی
მასწავლებელი
ښوونکی
ქაღალდი
ورق
წერა
لیکل
კალამი
قلم
მაგიდა
ډیسک
სახაზავი
خط کش
წიგნი
کتاب
მოსწავლე
زده کونکی

ზურგჩანთა

کڅوړه

პენალი

د پنسل بکسه

ფანქარი

پنسل

ფანქრების სათლელი

پنسل تراش

საშლელი

ربړ

ნახატების ალბომი

د رسامۍ پاڼه

ნახატი

رسامي

ფუნჯი

د نقاشۍ برس

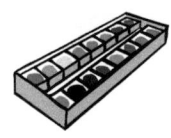

საღებავის ყუთი

د نقاشۍ بکس

მაკრატელი

قيچي

წებო

سریښ

სავარჯიშო რვეული

د تمرين كتاب

საშინაო დავალება

کورنۍ دنده

12

ნომერი

شمير

2+2

დამატება

جمع

5-2

გამოკლება

منفي

2×2

გამრავლება

ضرب

გამოთვლა

حساب

A

წერილი

توری

ABCDEFG
HIJKLMN
OPQRSTU
VWXYZ

ანბანი

الفبا

hello

სიტყვა

کلمه

ტექსტი
متن

წაკითხვა
لوستل

ცარცი
تباشير

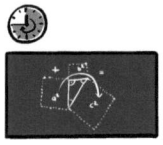

გაკვეთილი
درس

რეგისტრაცია
راجستر

გამოცდა
ازموينه

სერტიფიკატი
تصديق پاڼه

სკოლის ფორმა
د ښوونځي يونيفارم

განათლება
تعليم

ენციკლოპედია
دايره المعارف

უნივერსიტეტი
پوهنتون

მიკროსკოპი
مايكروسكوپ

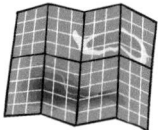

რუქა
نقشه

კალათა ნარჩენი ქაღალდებისათვის
اشغالدانۍ

სასტუმრო
هوتل

Grand

ჰოსტელი
نزل

ROOMS

ვალუტის გადაცვლის პუნქტი
د اسعار و د تبادلی دفتر

EXCHANGE

ჩემოდანი
بکس

მანქანა
موتر

ენა

ژبه

კი / არა

هو/نه

კარგი

سمه ده

გამარჯობა

سلام

მთარგმნელი

ژباړونکی

გმადლობთ

مننه

რა ღირს... ?

څومره دي...؟

ვერ გავიგე

زه نه پوهيږم

პრობლემა

ستونزه

აღამო მშვიდობისა!

ماښام مو پخير!

დილა მშვიდობისა!

سهار په خير!

ღამე მშვიდობისა!

شپه په خير!

ნახვამდის

په مخه مو ښه

მიმართულება

لارښود

ბარგი

سامان

ჩანთა

بيګ

ზურგჩანთა

شاتنى بکس

სტუმარი

ميلمه

ოთახი

خونه

საძილე ტომარა

د خوب کڅوړه

კარავი

خيمه

ტურისტული ინფორმაცია
....
د توریزم معلومات

სანაპირო
....
ساحل

საკრედიტო ბარათი
....
کریډیټ کارت

საუზმე
....
ناری

ლანჩი
....
د غرمې خواړه

ვახშამი
....
د شپې خواړه

ბილეთი
....
ټیکټ

ლიფტი
....
لفټ

საფოსტო მარკა
....
مهر

საზღვარი
....
پوله

საბაჟო
....
ګمرک

საელჩო
....
سفارت

ვიზა
....
ویزه

პასპორტი
....
پاسپورټ

ტრანსპორტი

ټرانسپورټ

თვითმფრინავი
الوتکه
გემი
სახანძრო მანქანა
د اور ماشین
ავტობუსი
بس
სატვირთო მანქანა
მოტორიზებული ნავი
მანქანა

ბორანი

کښتۍ

ნავი

کښتۍ

მოტოციკლი

موټرسایکل

პოლიციის მანქანა

د پولیسو موټر

სარბოლო მანქანა

د ریس موټر

დაქირავებული მანქანა

کرایی موټر

მანქანის ერთობლივი მოხმარება

د کرایه موټرِ

საბუქსირე მანქანა

جرثقیل لرونکی ټرک

ნაგვის მანქანა

ریفیوز ټرک

ძრავა

موټر

საწვავი

سونګ توکي

ბენზინგასამართი სადგური

پټرول سټیشن

საგზაო ნიშანი

ترافیکي نښه

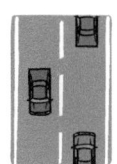

მოძრაობა

ترافیک

საცობი

جام ترافیک

მანქანის სადგომი

د موټرو تمځای

მატარებლის სადგური

د ریل سټیشن

ლიანდაგები

پاټکي

მატარებელი

ریل

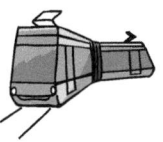

ტრამვაი

ټرام

ვაგონი

واګون

ვერტმფრენი

چورلکه

აეროპორტი

هوايي ډګر

კოშკი

برج

მგზავრი

مسافر

კონტეინერი

کانټينر

მუყაოს ყუთი

کارتون

ურიკა

کارت

კალათა

ټوکرۍ

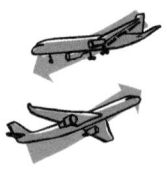

აფრენა / დაშვება

الوتنه کول/کښېناستل

ქალაქი

ښار

სოფელი

کلی

ქალაქის ცენტრი

د ښار مرکز

სახლი

کور

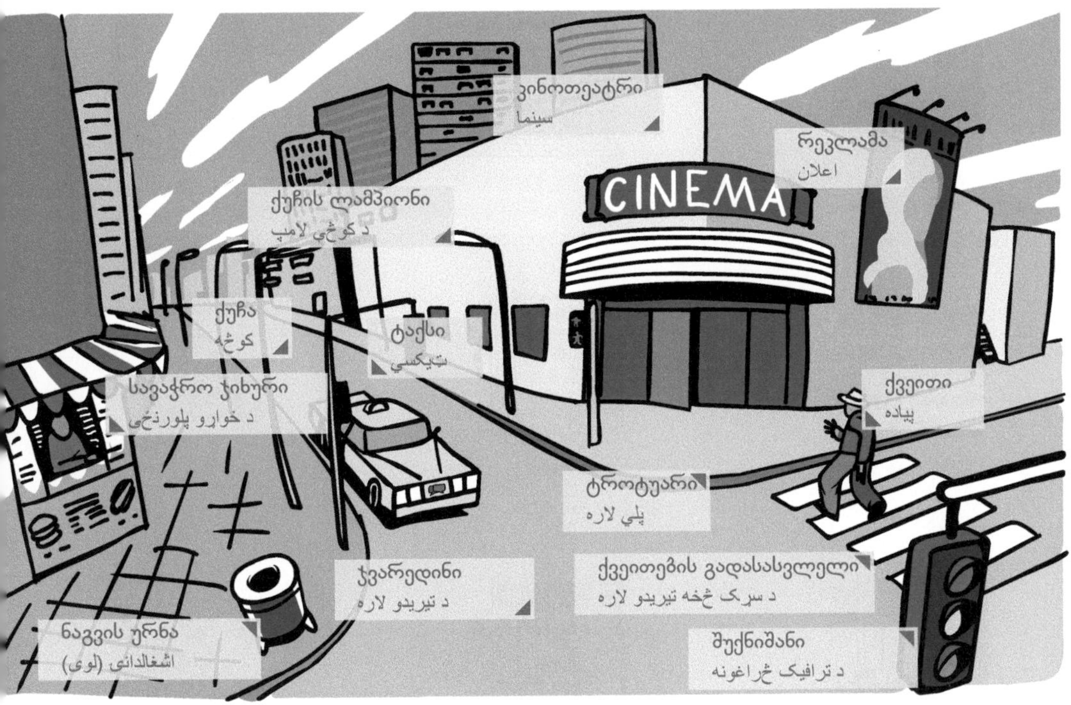
კინოთეატრი
سینما
რეკლამა
اعلان
CINEMA
ქუჩის ლამპიონი
د کوڅې لامپ
ქუჩა
کوڅه
ტაქსი
ټیکسي
სავაჭრო ჯიხური
د خوارو پلورنځی
ქვეითი
پیاده
ტროტუარი
پلي لاره
ჯვარედინი
د تیریدو لاره
ქვეითების გადასასვლელი
د سړک څخه تیریدو لاره
ნაგვის ურნა
اشغالدانۍ (لوی)
შუქნიშანი
د ترافیک څراغونه

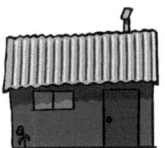

ქოხი

کوډله

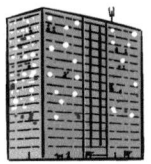

ბინა

اپارتمان

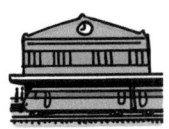

მატარებლის სადგური

د ریل سټېشن

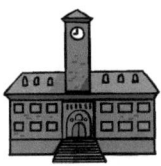

მუნიციპალიტეტი

ټاون هال

MUSEUM

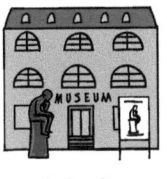

მუზეუმი

میوزیم

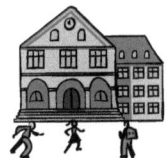

სკოლა

ښوونځی

უნივერსიტეტი

پوهنتون

ბანკი

بانک

საავადმყოფო

روغتون

სასტუმრო

هوټل

აფთიაქი

درملتون

ოფისი

دفتر

წიგნების მაღაზია

کتاب پلورنځی

მაღაზია

پلورنځی

ფლორისტი

د ګلانو پلورنځی

სუპერმარკეტი

لوی پلورنځی

ბაზარი

مارکیټ

მაღაზიის განყოფილება

د ډیپارټمنټ سټور

თევზის გამყიდველი

کب پلورنځی

სავაჭრო ცენტრი

د پلور مرکز

ნავსადგომი

لنګرتون

პარკი

پارک

გრძელი სკამი

بينچ

ხიდი

پل

კიბეები

زينه

მიწისქვეშა გადასასვლელი

د ځمکې لاندې

გვირაბი

تونل

ავტობუსის გაჩერება

بس تمځای

ბარი

بار

რესტორანი

ریسټورانټ

საფოსტო ყუთი

پوست بکس

ქუჩის ნიშანი

د کوڅې نښه

პარკინგის საზომი

د پارک کولو میټر

ზოოპარკი

ژوبڼ

საცურაო აუზი

د لامبو حوض

მეჩეთი

مسجد

ფერმა

کرونده

გარემოს დაბინძურება

ناپاکي

სასაფლაო

هدیره

ეკლესია

چرچ

საბავშვო მოედანი

د لوبو ډګر

ტაძარი

معبد/کلیسا

ლანდშაფტი

منظره

ფოთოლი
გზის მანიშნებელი ნიშანი
გზა
لاره
მდელო
چمن
ქვა
მოგზაური
هیکر
ხე
ونه
მდინარე
سیند
ბალახი
واښه
ყვავილი
ګل

ხეობა

دره

გორაკი

غونډۍ

ტბა

ناور

ტყე

ځنګل

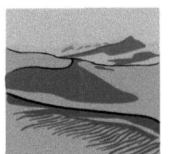

უდაბნო

دښته

ვულკანი

اورشیندی

ციხე

کلا

ცისარტყელა

رنګین کمان

სოკო

مرخیړي

პალმა

پلم ونه

კოღო

ماشي

ბუზი

الوتل

ჭიანჭველა

میږی

ფუტკარი

مچۍ

ობობა

غونډل/جولا

ხოჭო

ګونګټ

ბაყაყი

چونګښه

ციყვი

نولی

ზღარბი

زیږکی

კურდღელი

سوی

ბუ

ګونګ

ფრინველი

مرغۍ

გედი

قازه

ტახი

نرخوګ

ირემი

هوسۍ

ცხენ-ირემი

ګاوزه

კაშხალი

بند

ქარის ტურბინა

بادي توربين

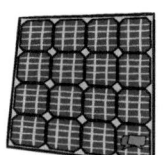

მზის ბატარეა

سولر تختې

კლიმატი

اقلیم

რესტორანი

ریسټورانټ

მიმტანი
پیشخدمت
მენიუ
مینو
სკამი
სუპი
سوپ
პიცა
پیزا
დანა-ჩანგალი
ښاخې، چاقو، کاشوغه
მაგიდაზე გადასაფარებელი

საუზმე

სټارټر

მთავარი კერძი

اصلي خواړه

დესერტი

شیریني

დასალევი

څښاک

საჭმელი

خواړه

ბოთლი

بوتل

სწრაფი კვება

فاسټ فوډ

ქუჩის საჭმელი

د کوڅې خواړه

ჩაიდანი

چای جوش

საშაქრე

قندانۍ

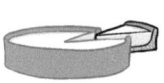

პორცია

برخه

ესპრესოს მანქანა

اسپرسو مشین

მაღალი სკამი

لوړه چوکۍ

ანგარიში

رسید

ლანგარი

مجمه

დანა

چاکو

ჩანგალი

پنجه

კოვზი

قاشق

ჩაის კოვზი

چای قاشق

ხელსახოცი

سورویټ

ჭიქა

ګلاس

თეფში

....

پلیټ

სუპის თეფში

....

د سوپ پلیټ

ჩაის ლამბაქი

....

نالبکۍ

საწებელი

....

ساس

სამარილე

....

مالگــه شیندونکی

წიწაკის საფქვავი

....

د مرچ ټکولو لوخی

ძმარი

....

سرکه

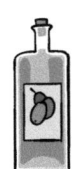

ზეთი

....

غوړي

სანელებლები

....

مساله

კეტჩუპი

....

کچ اپ

მდოგვი

....

شڼشم

მაიონეზი

....

چکه

სუპერმარკეტი

لوی پلورنځی

სპეციალური შეთავაზება
ځانګړی وړاندیز
FOR
მომხმარებელი
پیرودونکی
რძის ნაწარმი
لبنیات
ხილი
میوه
ურიკა
لاسي ګړځ

საყასბო
قصابي

საცხობი
نانوایی

აწონვა
وزن کول

ბოსტნეული
سبزیجات

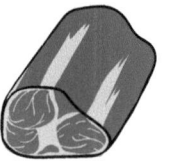

ხორცი
غوښه

გაყინული საკვები
کنګل خواړه

გრილი ხორცი

يخه غوښه

კონსერვები

کنسروا خواړه

სარეცხი ფხვნილი

د مينځلو پوډر

ტკბილეული

شيريني

საყოფაცხოვრებო პროდუქტები

کورني توليدات

სარეცხი საშუალებები

د پاکولو محصولات

გამყიდველი

د پلور فرد

სალარო

د نغدي راجستر

მოლარე

صراف

საყიდლების სია

د پيرود ليست

მუშაობის საათები

کاري ساعتونه

პორტმანი

بټوه

საკრედიტო ბარათი

کريډيټ کارت

ჩანთა

کڅوړه

პლასტიკური პარკი

پلاستيک کڅوړه

დასალევი
څښاک

წყალი

اوبه

წვენი

جوس

რძე

شیده

კოკა-კოლა

کوک

ღვინო

واین

ლუდი

بیر

ალკოჰოლი

الکول

კაკაო

ککاو

ჩაი

چای

ყავა

کافي

ესპრესო

اسپرسو

კაპუჩინო

کپچینو

საჭმელი

خواړه

ბანანი

....

کېله

ვაშლი

....

مڼه

ფორთოხალი

....

نارنج

საზამთრო

....

هندواڼه

ლიმონი

....

ليمو

სტაფილო

....

گازره

ნიორი

....

هوږه

ბამბუკი

....

بانس

ხახვი

....

پياز

სოკო

....

مرخیړي

კაკალი

....

چغزی

ატრია

....

آش

სპაგეტი

سپیګټي

ბრინჯი

وريجې

სალათი

سلاد

ჩიპსები

چپس

შემწვარი კარტოფილი

سره کړې کچالو

პიცა

پیزا

ჰამბურგერი

همبرګر

სენდვიჩი

سانډویچ

კოტლეტი

کتره

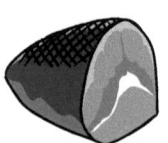

ლორი

د پتون غوښه

სალიამი

سلمي

ძეხვი

ساسچ

წიწილა

چرګ

შემწვარი ხორცი

روسټ

თევზი

کب

შვრიის ფაფა

د وربشي شيرني

მუსლი

موسلي

სიმინდის ფანტელები

د جوار پلی

ფქვილი

اوړه

კრუასანი

كروسانت

ბულკი

د ډوډۍ رول

პური

ډوډۍ

ტოსტი

ټوسټ

ნამცხვრები

بسکيټ

კარაქი

کوچ

ხაჭო

چکه

ტორტი

کيک

კვერცხი

هګۍ

ერბო-კვერცხი

پښۍ هګۍ

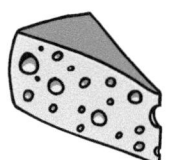

ყველი

پنير

ნაყინი
....
آيس كريم

შაქარი
....
بوره

თაფლი
....
شهد

ჯემი
....
مربا

შოკოლადის კრემი
....
نوگات كريم

კარი
....
كوركمان

სოფლის სახლი — د کرندی خونه

თაველა — غوجل

ჩალის შეკვრა — د یوسو گیدی

ცხენი — اس

ყანა — خرمکه

მისაბმელი — لاس گادی

ტრაქტორი — ټرکټر

კვიცი — کوچنی اس

ვირი — خر

ცხვარი — پسه

ცხვარი — ورۍ

თხა
....
وزه

ძროხა
....
غوا

ხბო
....
خوسکی

ღორი
....
خوگ

გოჭი
....
د خوگ بچی

ხარი
....
غویی

ბატი

بته

იხვი

هیلۍ

წიწილა

چرګوړی

ქათამი

چرګه

მამალი

بانګي

ვირთხა

سارای موږک

კატა

پیشک

თაგვი

موږک

ხარი

غویی

ძაღლი

سپی

საძაღლე

د سپي خونه

ბაღის შლანგი

د باغ هوز

საბაღე წურწურა

د اوبو لوخی

ცელი

لور (داس)

გუთანი

یوی

ნამგალი

لور

თოხი

رمبی

პატივის სახვეტი ჩანგალი

ښاخی

ცული

تبر

მაზიდი

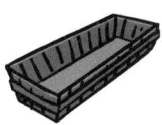

کراچۍ

გობი

ناوه

რძის ბიდონი

د شیدو لوخی

ტომარა

جوال

ღობე

کټاره

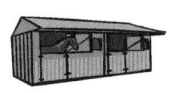

ბოსელი

مضبوط

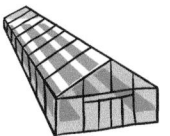

სათბური

شنه خونه

ნიადაგი

خاوره

თესლი

تخم

სასუქი

سره/کود

მოსავლის ამღები კომბაინი

کډ ریبونکی ماشین

მოსავლის აღება

زیرمه کول

მოსავალი

درمند

იამი

خوارۀ کچالو

ხორბალი

غنم

სოიო

سویا

კარტოფილი

کچالو

სიმინდი

جوار

სარეველას თესლი

نباتي تخم

ხეხილი

د میوې ونه

მანიოკი

مانیوک

მარცვლეული

غله

სახლი

کور

ბუხარი
სახურავი
بام
წყალსადინარი მილი
ناودان
ფანჯარა
ავტოფარეხი
კარის ზარი
د دروازې زنګ
კარი
دروازه
ნაგვის ყუთი
اشغالدانی
საფოსტო ყუთი
د لیک بکس
ბაღი
باغ

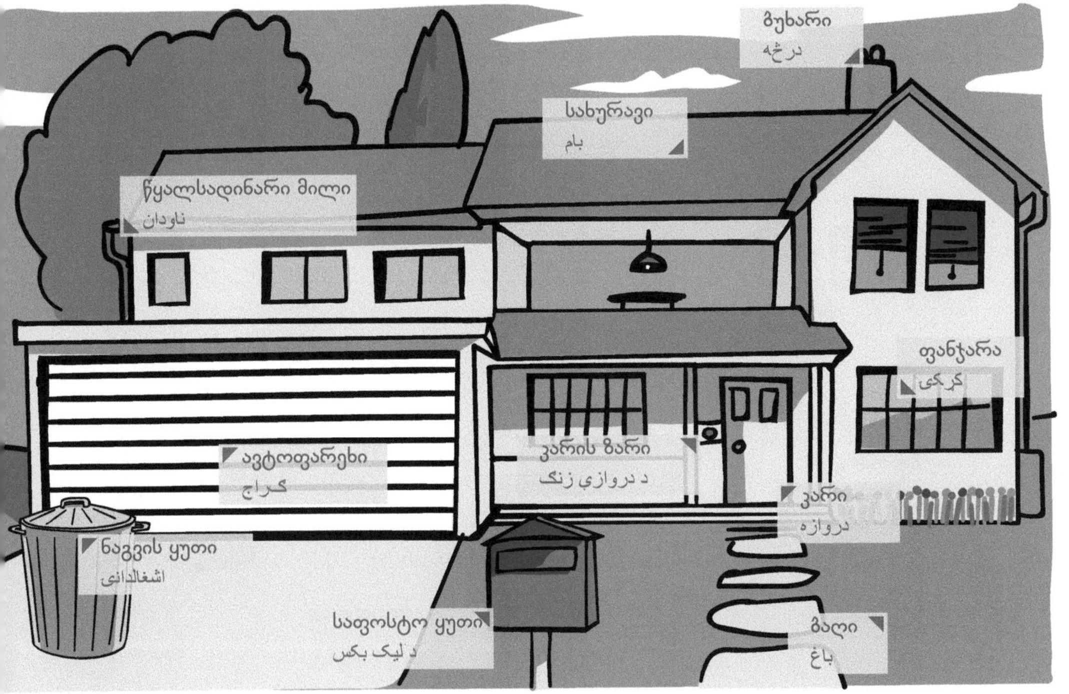

მისაღები ოთახი

د اوسیدو خونه

აბაზანა

حمام

სამზარეულო

پخلنځی

საძინებელი

د ویده کیدو خونه

საბავშვო ოთახი

د ماشوم خونه

სასადილო ოთახი

د خوارو خونه

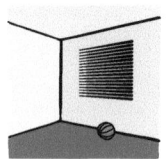

სართული

فرش

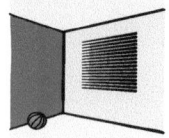

კედელი

دیوال

ჭერი

چت

სარდაფი

زیرخانه

საუნა

سونا

აივანი

بالکوني

ტერასა

ټراس

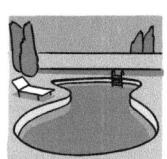

აუზი

حوض

გაზონის საკრეჭი

د چمن وهلو ماشين

სამნის კონვერტი

شیټ

საწოლი

روجایی

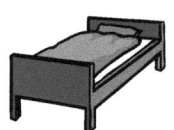

ლოგინი

تخت

ცოცხი

جارو

სათლი

بوکه

გადამრთველი

سویچ

მისაღები ოთახი

د اوسیدو خونه

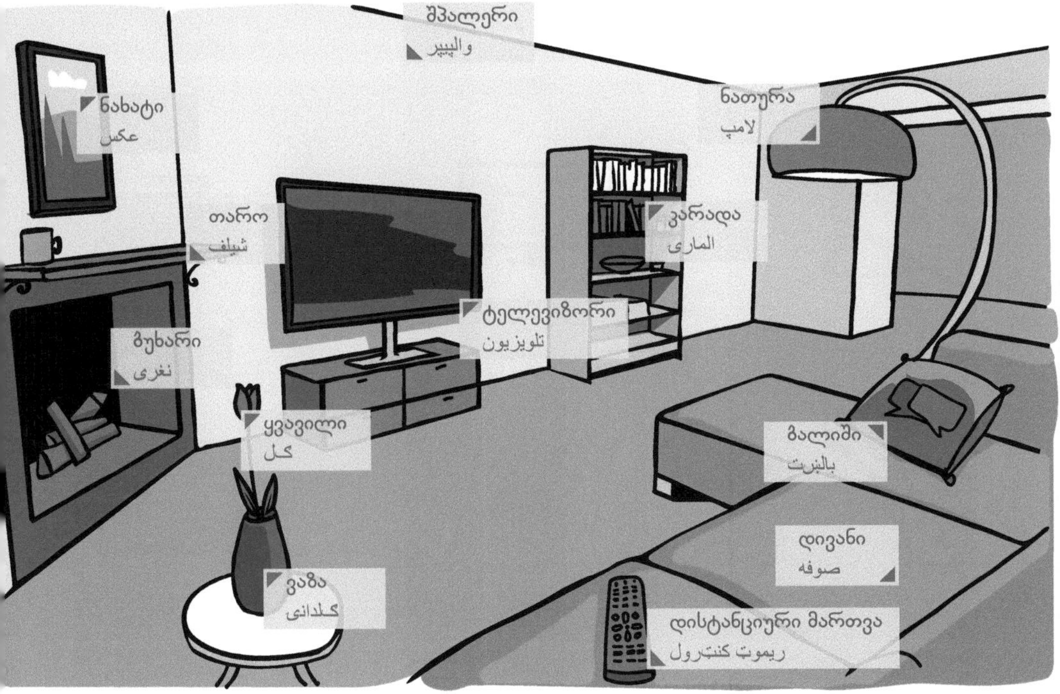

შპალერი
والپیپر
ნახატი
عکس
ნათურა
لامپ
თარო
شیلف
კარადა
الماری
ტელევიზორი
تلویزیون
ყვავილი
ბალიში
დივანი
صوفه
ვაზა
ګلدانی
დისტანციური მართვა

ხალიჩა

غالۍ

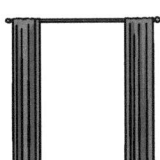

ფარდა

پرده

მაგიდა

میز

სკამი

چوکۍ

სარწეველა სკამი

تاویدونکې چوکۍ

სავარძელი

بازو لرونکې چوکۍ

წიგნი

كتاب

საბანი

كمپل

დეკორაცია

ډيكوريشن

შეშა

د اور لرګي

ფილმი

فلم

hi-fi მოწყობილობები

هاي-فاي

გასაღები

كلي

გაზეთი

ورځپاڼه

ფერწერა

نقاشي

პლაკატი

پوسټر

რადიო

راډيو

ბლოკნოტი

كتابچه

მტვერსასრუტი

واكيوم جارو

კაქტუსი

كاكتوس

სანთელი

شمع

სამზარეული
پخلنځی

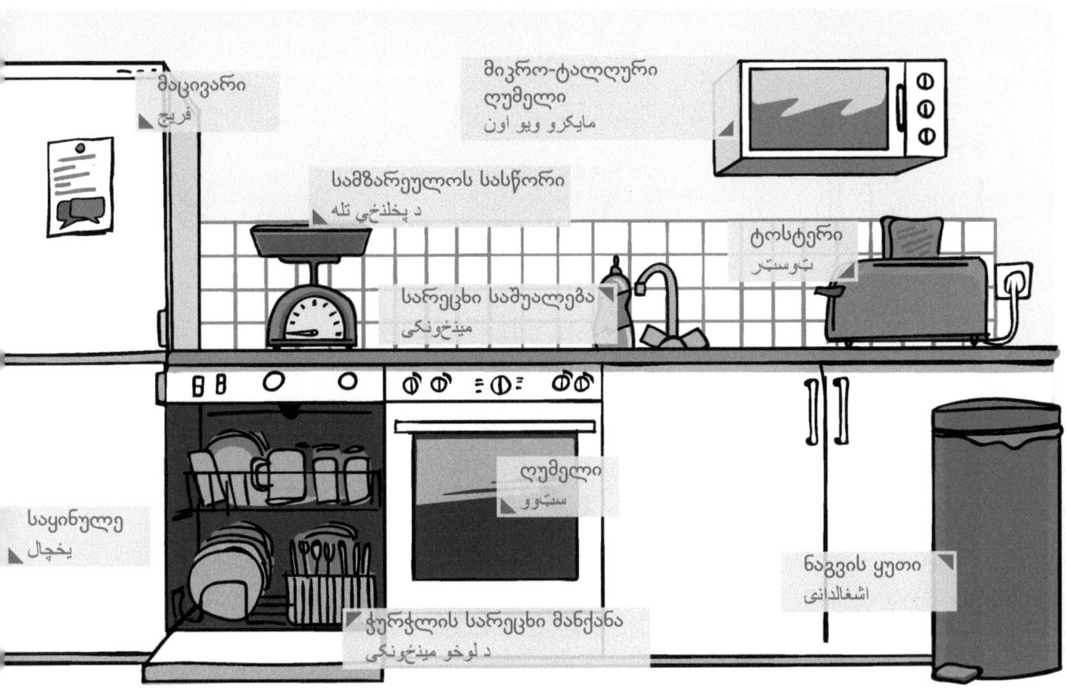
მაცივარი
فریج
მიკრო-ტალღური ღუმელი
مایکرو ویو اون
სამზარეულოს სასწორი
د پخلنځي تله
ტოსტერი
ټوسټر
სარეცხი საშუალება
مینځونکی
ღუმელი
سټوو
საყინულე
یخچال
ნაგვის ყუთი
اشغالدانی
ჭურჭლის სარეცხი მანქანა
د لوخو مینځونکی

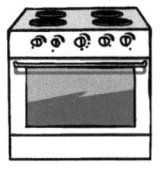

გაზქურა

دیګ بخار

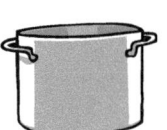

ქოთანი

لوخی

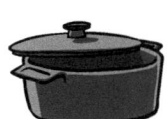

თუჯის ქვაბი

چدني لوخی

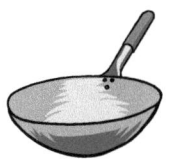

ტაფა ამობერილი ფსკურით
ووک

ტაფა

د تلې په

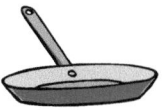

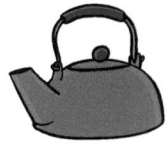

ჩაიდანი

چای جوش

ორთქლსახარში

د بخار دیګ

საცხობი ლანგარი

پتنوس

ჭურჭელი

لوخي

კათხა

مګ

თასი

کاسه

ჩინური ჩხირები

د رانیولو اوزار

ჩამჩა

څمڅۍ

ფიცხი

کفګیر

სათქვეფელა

پاکونکی

საწური

صافي

საცერი

غلبیل

სახეხი

ګریټر

სანაყი

اونګ

გრილი

بار بي کیو

კოცონი

خلاص اور

დაფა

تخته

საგორავი

هوارونکی

ბურღი

کارک سکریو

ქილა

ټیم

ქილის გასახსნელი

د ټیم خلاصونکی

ქოთნის დამჭერი

د لوخي ټوټه

ნიჟარა

ظرف شوی

ფუნჯი

برس

ღრუბელი

سپنج

ბლენდერი

بلیندر

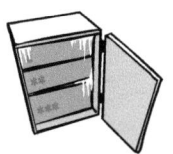

საყინულე კამერა

ژور یخچال

საბავშვო ბოთლი

د ماشوم بوتل

ონკანი

نل

აბაზანა
حمام

გათბობა
تودول
შხაპი
شاور
პირსახოცი
جان پاک
საშხაპე ფარდა
د شاور پرده
ღრუბლიანი აბანო
ვანა
د حمام ټب
ჭიქა
ګلاس
სარეცხი მანქანა
د مینځلو مشین
ონკანი
نل
ფილები
ټایلونه
ღამის ქოთანი
يو ډول کموډ
ნიჟარა
ظرف شوی

ტუალეტი

تشناب

იატაკის ტუალეტი

فرشي کموډ

ბიდე

کموډ

კედლის პისუარი

د متيازو ځای

ტუალეტის ქაღალდი

تشناب کاغذ

ტუალეტის ჯაგრისი

د تشناب برس

კბილის ჯაგრისი

د غاښونو برس

კბილის პასტა

د غاښونو کريم

კბილის ძაფი

د غاښونو نخ

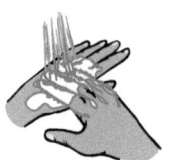

რეცხვა

مينځل

ხელის შხაპი

لاسي شاور

ინტიმური შხაპი

دوش

ტაშტი

خانک

ზურგის სახეხი ფუნჯი

د شا برس

საპონი

صابون

შხაპის გელი

د شاور ژل

შამპუნი

شامپو

ნეჭა

فلانل جامه

სანიაღვრე

وچول

კრემი

کريم

დეოდორანტი

سپری

სარკე

آینه

ხელის სარკე

لاسي آینه

გრიტვა

ریزر

საპარსი ქაფი

د خریلو فوم

საშუალება გაპარსვის შემდეგ

د خریلو وروسته

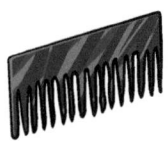

სავარცხელი

ګمنځ

ჯაგრისი

برس

თმის საშრობი

د ویښتانو وچونکی

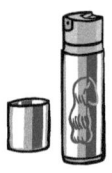

თმის ლაქი

د ویښتانو سپری

კოსმეტიკა

میک اپ

ტუჩების პომადა

لیپ سټیک

ფრჩხილის ლაქი

د نوکانو پالش

ბამბა

کاټن وړی

ფრჩხილის მაკრატელი

ناخن ګیر

სუნამო

عطر

კოსმეტიკის ჩანთა

....

د مېنځلو کڅوړه

ტაბურეტი

....

سټول

სასწორი

....

د وزن کولو تله

საბაზანო ხალათი

....

د حمام پوښاک

რეზინის ხელთათმანები

....

د ربړ دستکش

ტამპონი

....

ټامپون

სანიტარული პირსახოცი

....

صحيي جان پاک

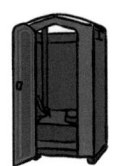

ბიო-ტუალეტი

....

کيميکل تشناب

აბაზანა - حمام 41

მაღვიძარა
د الارم ساعت

რბილი სათამაშო
د لوبو وسایل

სათამაშო მანქანა
د ناشکي موټر

ჩხარუნა სათამაშო
ریټل

თოჯინების სახლი
د ناښکۍ خونه

საჩუქარი
بالښ

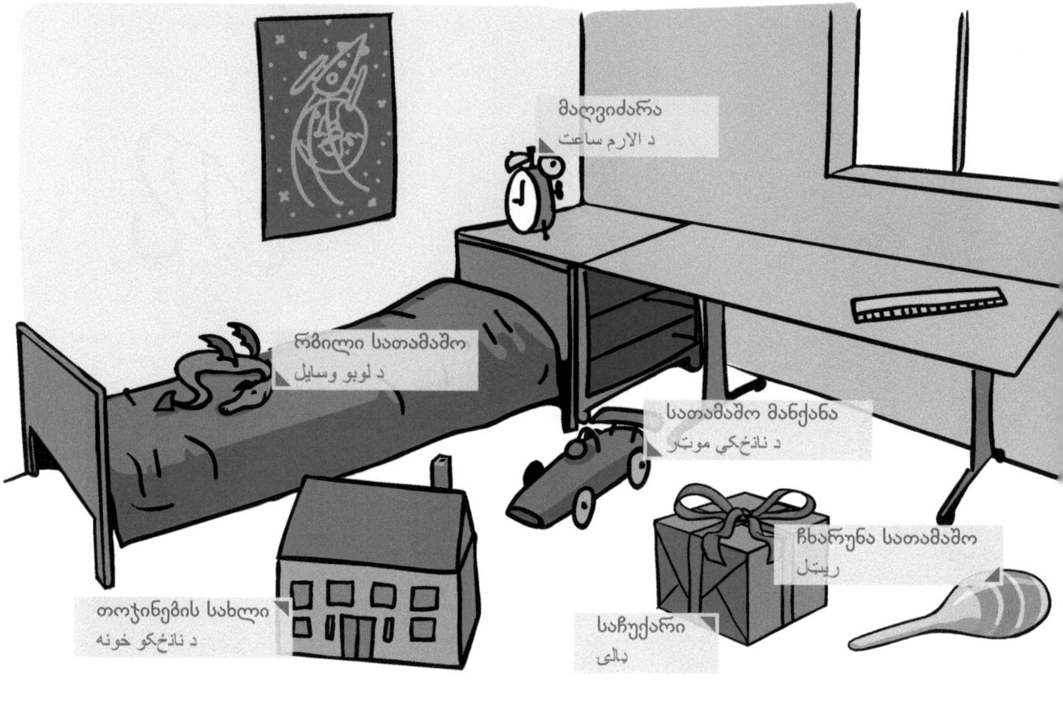

ბუშტი

بالون

ლოგინი

تخت

საბავშვო ეტლი

کالسکه

კარტის თამაში

د لوبو ورقي

პაზლი

جیکسا

კომიქსი

مسخره

ლეგოს აგურები

ليګو بريک

ასაშენებელი კუბიკები

د ناڅکو بلاک

სათამაშო ფიგურა

د اکشن فيګور

საცოცავი

د ماشوم پوښاک

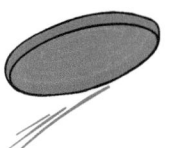

ფრისბი

فريزبي

მობილე

موبايل

სამაგიდო თამაში

بورډ لوبه

კამათელი

تاس

რკინიგზის მოდელი

ماډل ريل سيټ

საწოვარა

ګونګشي

წვეულება

پارټي

წიგნი ნახატებით

د عکسونو البوم

ბურთი

بال

თოჯინა

ناڅکه

თამაში

لوبيدل

საქვიშარი

د شګو کنده

საქანელა

سوینګ

სათამაშოები

نانځکي

ვიდეო თამაშის კონსოლი

د ویډیو لوبو کنسول

სამთვლიანი ველოსიპედი

ټرای سایکل

დათუნია

ګوډکه

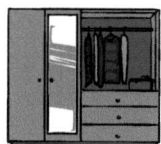

გარდეროზი

د کالو الماری

ტანსაცმელი

پوښاک

წინდები

جرابې

ჩულქები

لوړې جرابې

კოლგოტები

ټایټس

მარფი
زروکی

ქამარი
کمربند

ქოლგა
چتری

მკლავებიანი მაისური
تی شرت

მოტასები
سنیکر

ფეხსაცმელი
بوتان

ჩუსტები
سلیپر

სანდლები
....
سیندل

ფეხსაცმელი
....
بوتان

რეზინის ჩექმები
....
د رير بوتان

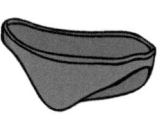

ტრუსები
....
زیرنیکری

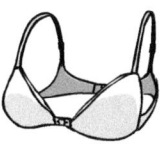

გიუსპალტერი
....
سینه بند

მაისური
....
واسکت

სხეული

بادي

შარვალი

پتلون

ჯინსი

جينز

ქვედაკაბა

لمن

ბლუზი

بلاوز

პერანგი

شرټ

სვიტრი

بنيان

კაპიუშონიანი ჟაკეტი

سويټر

სპორტული ქურთუკი

بليزر

ჟაკეტი

جاکټ

პალტო

کوټ

საწვიმარი

د باران کوټ

კოსტუმი

پوښاک

კაბა

کالي

საქორწილო კაბა

د واده پوښاک

კაცის კოსტიუმი
....
دريشي

ღამის პერანგი
....
د شپې پوښاک

პიჟამოები
....
پاجامه

სარი
....
ساړي

თავშალი
....
لوپټه

ტურბანი
....
پټکی

ჩადრი
....
برقه

ხიფთანი
....
کفتن

აბაია
....
عبا

საცურაო კოსტუმი
....
د لامبو پوښاک

ჩემოდნები
....
نيکر

შორტები
....
شارټ

სპორტული კოსტიუმი
....
د ځغاستې پوښاک

წინსაფარი
....
پیش بند

ხელთათმანები
....
دستکش

ღილი

بټن

სათვალეები

عينک

სამაჯური

لاس بند

ყელსაბამი

غاړه کۍ

ბეჭედი

ګوتمه

საყურე

غوږوالۍ

კეპი

خولۍ

საკიდი

کوټ بند

ქუდი

خولۍ

ჰალსტუხი

ټايي

ელვა-შესაკრავის შეკვრა

ځنځير

ჩაფხუტი

هيلميټ

აჭიმი

ترونکی

სკოლის ფორმა

د ښوونځي يونيفارم

ფორმა

يونيفارم

გავშვის წინსაფარი

بيب

საწოვარა

گـونکشی

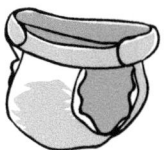

პამპერსი

نپپي

ოფისი
دفتر

სერვერი
سرور

საკანცელარიო კარადა
د دوسیه الماری

პრინტერი
پرینتر

მონიტორი
مانیتـور

ქაღალდი
ورق

მაგიდა
ډیسک

თაგვი
ماوس

საქაღალდე
فولدر

კლავიატურა
کی بورد

ათა ნარჩენი ქაღალდებისათვი
اشغال

კომპიუტერი
کمپیوتر

სკამი
چوکی

ყავის ფინჯანი

د کافی پیاله

კალკულატორი

کالکولیتر

ინტერნეტი

انترنیت

ლეპტოპი

لپ ٹاپ

წერილი

لیک

მესიჯი

پیغام

მობილური ტელეფონი

موبایل

ქსელი

نیٹورک

სკანერი

فوٹوکاپیر

პროგრამული უზრუნველყოფა

سافٹویر

ტელეფონი

تلیفون

როზეტი

پلک ساکٹ

ფაქსის მანქანა

فکس مشین

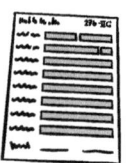

ფორმულარი

فارم

დოკუმენტი

سند

ყიდვა

پیرل

გადახდა

تادیه کول

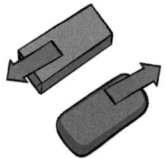

ვაჭრობა

سوداګري کول

ფული

پیسې

დოლარი

ډالر

ევრო

یورو

იენი

ین

რუბლი

ربل

შვეიცარული ფრანკი

سویسي فرانک

ჟენმინბი იუანი

رینمینبي یوان

INR

რუპი

روپۍ

ბანკომატი

د نغدي پیسو ځای

ვალუტის გადაცვლის პუნქტი

د اسعارو د تبادلې دفتر

ოქრო

سره زر

ვერცხლი

سپين زر

ნავთობი

تیل

ენერგია

انرژي

ფასი

نرخ

ხელშეკრულება

قرارداد

გადასახადი

ماليه

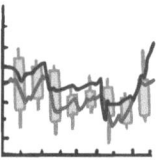

აქცია

اسهام

მუშაობა

کار کول

თანამშრომელი

کارمند

დამსაქმებელი

کار ګومارونکی

ქარხანა

فابریکه

მაღაზია

پلورنځی

პოლიციის ოფიცერი
د پولیسو افسر

მეხანძრე
د اطفایه غړی

მზარეული
آشپز

ექიმი
ډاکتر

მფრინავი
پیلوټ

მებაღე
باغوان

დურგალი
نجار

თეთრეულის მკერავი / ქალბატონი
خیاط

მოსამართლე
قاضي

ქიმიკოსი
کیمیا پوه

მსახიობი
د فلم لوبغاری

ავტობუსის მძღოლი

د بس ډرايور

ტაქსის მძღოლი

د ټېکسي ډرايور

მეთევზე

کب نیونکی

დამლაგებელი ქალბატონი

خدمه

სახურავის ოსტატი

بام جوړونکی

მიმტანი

پيشخدمت

მონადირე

ښکاري

ფერმწერი

نقاش

მცხობელი

نانوا

ელექტრიკოსი

د برښنا کارکونکی

მშენებელი

تعمير جوړونکی

ინჟინერი

انجنير

ყასაბი

قصاب

სანტექნიკოსი

نلدوان

ფოსტალიონი

پوست رسونکی

ჯარისკაცი

سرتیری

არქიტექტორი

مهندس

მოლარე

صراف

ფლორისტი

مالیار

პარიკმახერი

نایی

კონდუქტორი

کلیندر

მექანიკოსი

میکانیک

კაპიტანი

کپتان

სტომატოლოგი

د غاښونو ډاکټر

მეცნიერი

ساینس پوه

რაბინი

ښاغلی

იმამი

امام

ბერი

مذهبي نفر

სასულიერო პირი

پادري

იარაღები

لوازم

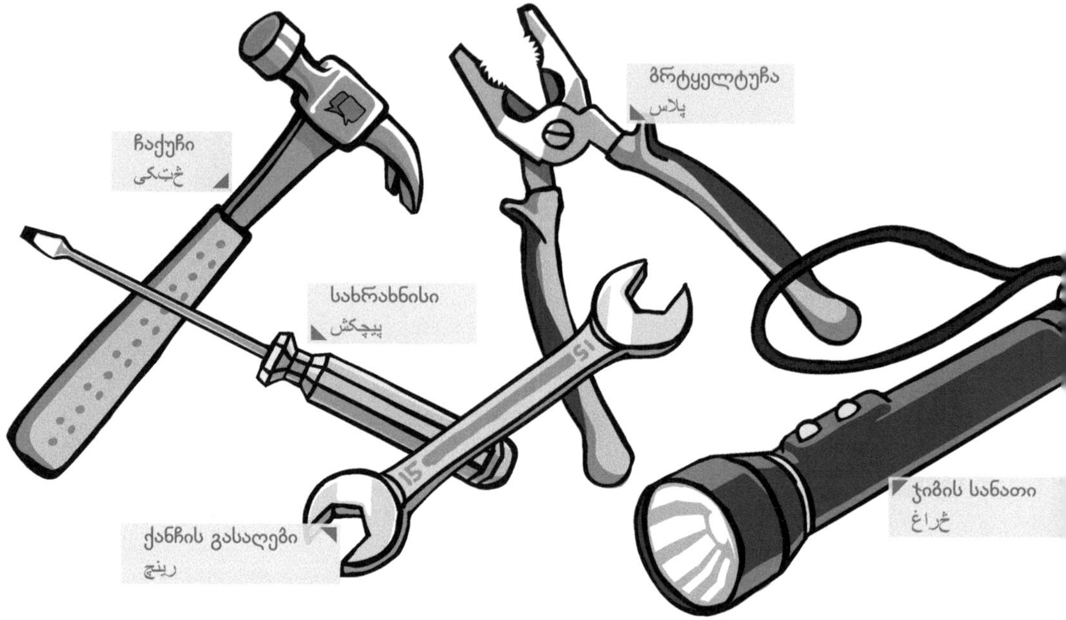

ჩაქუჩი
څټکی
მრტყელტუჩა
پلاس
სახრახნისი
پیچکش
ქანჩის გასაღები
رینچ
ჯიბის სანათი
څراغ

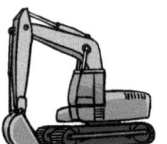

ექსკავატორი

کنستونکی

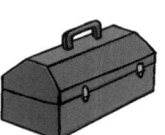

იარაღების ყუთი

د لوازمو بکس

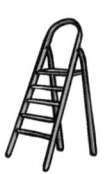

კიბე

زینه

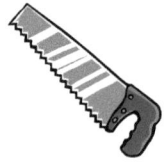

ხერხი

اره

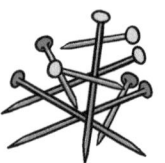

ლურსმები

میخونه

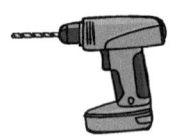

საბურღი

برمه

შეკეთება
ترمیم کول

ნიჩაბი
بیل

ანდაზა!
لعنت!

აქანდაზი
خاک انداز

საღებავის ქოთანი
مشواڼی

ხრახნები
پیچونه

მუსიკალური ინსტრუმენტები

د میوزیک آلات

დასარტყამი ინსტრუმენტების კრებული
ډرم سیټ
რეპროდუქტორი
لاوډ سپیکر
გიტარა
კონტრაბასი
საყვირი
ټرومپیټ

ფორტეპიანო

پیانو

ვიოლინო

وایلن

ბასი

باس

ტიმპანონი

نغاره

დასარტყამები

ډرمونه

კლავიშები

کي بورډ

საქსოფონი

سیکسافون

ფლეიტა

شپیلۍ

მიკროფონი

مایکروفون

ზოოპარკი

ژوبڼ

შესასვლელი
ننوتو لاره
გალია
پنجره
ზებრა
ګوره خر
ცხოველთა საკვები
პანდა

ცხოველები

ژوی

სპილო

هاتي

კენგურუ

کنګرو

მარტორქა

د اوبو اسپ

გორილა

ګوريلا

დათვი

ايږه

აქლემი

اوښ

სირაქლემა

شترمرغ

ლომი

زمری

მაიმუნი

بیزو

ფლამინგო

غزی

თუთიყუში

طوطي

პოლარული დათვი

قطبي ایږه

პინგვინი

پینګوین

ზვიგენი

شارک

ფარშევანგი

طاوس

გველი

مار

ნიანგი

تمساح

ზოოპარკის მფლობელი

ژوبڼ ساتونکی

სელაპი

سیل

იაგუარი

جګوار

60 ზოოპარკი - ژوبڼ

პონი

يابو

ლეოპარდი

پړانګ

ბეჰემოტი

هيپو

ჟირაფი

زرافه

არწივი

باز

ტახი

نرخوګ

თევზი

کب

კუ

شمشتۍ

მორჟი

سمندري نولی

მელა

ګیدړه

გაზელი

هوسۍ

ამერიკული ფეხბურთი
امریکایی فتبال

ველოსპორტი
سایکل چغلول

ჩოგბურთი
تینیس

კალათბურთი
باسکیتبال

ცურვა
لامبو

გრივი
باکسینگ

ყინულის ჰოკეი
د کنګل هاکي

ფეხბურთი

فتبال

ბადმინტონი

کسیزه

მძლეოსნობა

د ځغاستی لوبی

ხელბურთი

د هندبال

სათხილამურო სპორტი

سکي

წყლის პოლო

پولو

დაცინვა
خندل

გადახტომა
ټوپ وهل

ჩახუტება
غاړه ورکول

სეირნობა
کر خیدل

სიმღერა
سندری ویل

ოცნებობა
خوب لیدل

ლოცვა
عبادت کول

კოცნა
مچ کول

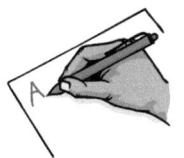

წერა
لیکل

დახატვა
کښل

ჩვენება
ښودل

დაჭერა
ټیله کول

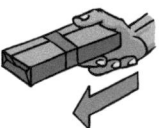

მიცემა
ورکول

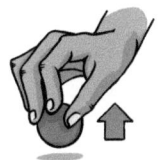

აღება
اخیستل

ქონა

درلودل

კეთება

کول

ყოფნა

پایېدل

დგომა

ودرېدل

გარბენა

منډې وهل

მოქაჩვა

راکښل

გადაყრა

ګوزارل

დაცემა

لوېدل

ტყუილის თქმა

څملاستل

მოცდენა

انتظار کول

ტარება

وړل

ჯდომა

کښېناستل

ჩაცმა

پوښاک اغوستل

ძილი

ویده کېدل

გაღვიძება

پاڅېدل

დათვალიერება

كتل

ტირილი

ژړل

გაუთოება

برید کول

დავარცხნა

ګمنځ کول

ლაპარაკი

خبرې کول

გაგება

پوهیدل

შეკითხვა

غوښتل

მოსმენა

اوریدل

დალევა

څښل

ჭამა

خوړل

დალაგება

پاکول

სიყვარული

مینه کول

კერძების მზადება

پخلی کول

სვლა

موټر چلول

ფრენა

الوتل

აფრის ქვეშ სიარული

....

بيړۍ چلول

გამოთვლა

....

حساب

წაკითხვა

....

لوستل

შესწავლა

....

زده کول

მუშაობა

....

کار کول

ქორწინება

....

واده کول

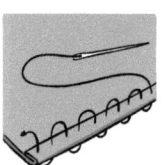

კერვა

....

ګنډل

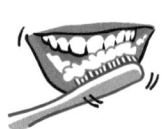

კბილების ხეხვა

....

د غاښونو برس کول

მოკვლა

....

وژل

მოწევა

....

سګرټ څښل

გაგზავნა

....

لیږل

ბებია
نیا

გაგუა
نیکا

მამა
پار

დედა
مور

ბავშვი
ماشوم

ქალიშვილი
لور

ვაჟიშვილი
زوی

სტუმარი

میلمه

დეიდა

ترور

ბიძა

کاکا/ماما

ძმა

ورور

და

خور

სხეული

بدن

შუბლი
თვალი
სახე
ნიკაპი
زنه
თითი
ხელი
لاس
მკერდი
سینه
მკლავი
مټ
მხარი
ფეხი
پښه

ბავშვი

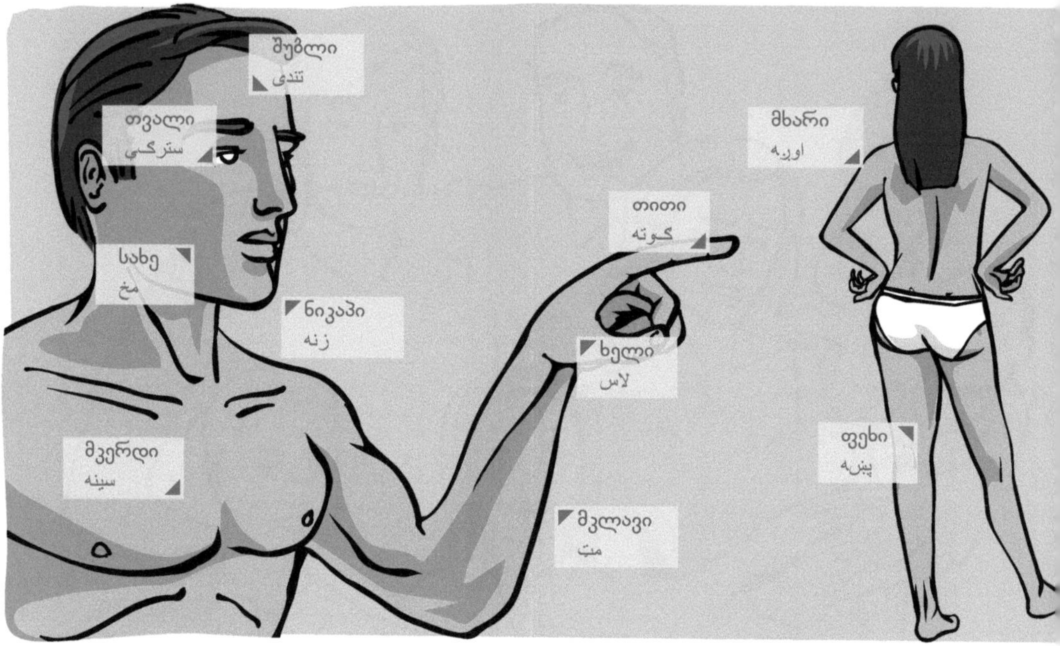

ماشوم

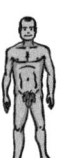

კაცი

سړی

ქალი

ښځه

გოგო

انجلۍ

ბიჭი

هلک

თავი

سر

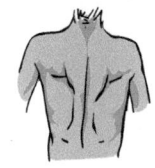

ზურგი

شا

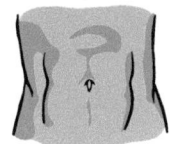

მუცელი

خیټه

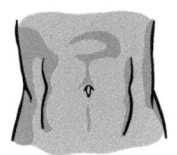

ჭიპი

نوم

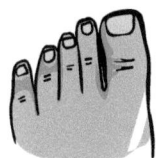

ფეხის თითი

د پښې ګوته

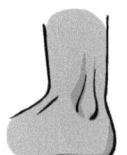

ქუსლი

پونده

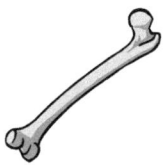

ძვალი

هډوکی

ბარძაყი

کوناټی

მუხლი

زنګون

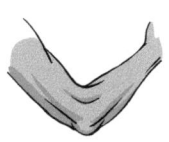

იდაყვი

څنګل

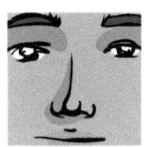

ცხვირი

پوزه

დუნდულა

لاندې برخه

კანი

پوټکی

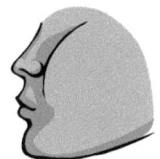

ლოყა

غومبوری

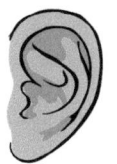

ყური

غوږ

ტუჩი

شونډه

პირი

خوله

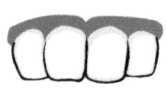

კბილი

غاښ

ენა

ژبه

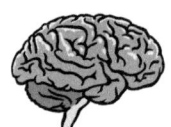

ტვინი

مغز

გული

زړه

კუნთი

عضله

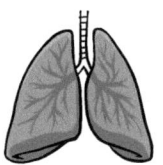

ფილტვი

سږی

ღვიძლი

ځيګر

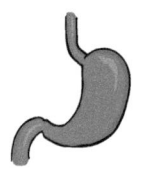

კუჭი

معده

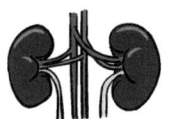

თირკმელები

پښتورګي

სექსი

جنسي نږدې والی

პრეზერვატივი

کانډوم

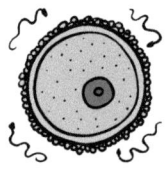

კვერცხუჯრედი

تخمه

სპერმა

مني

ორსულობა

حمل

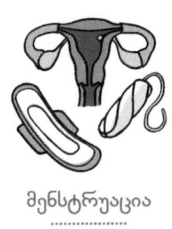

მენსტრუაცია

حیض

საშო

مهبل

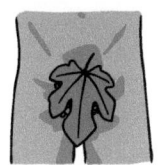

პენისი

د نارينه تناسلي آله

წარბი

وروځی

თმა

ویښته

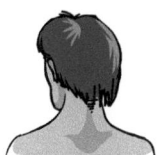

კისერი

غاړه

საავადმყოფო
روغتون

სასწრაფო დახმარების მანქანა
امبولانس
ეტლი
ویل چیر
მოტეხილობა
کسر

ექიმი

ډاکټر

პირველი დახმარების ოთახი

عاجل خونه

მედდა

رنځورپال

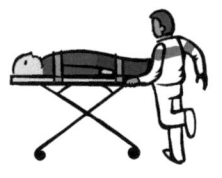

გადაუდებელი შემთხვევა

عاجل

უგონოდ მყოფი

بې هوش

ტკივილი

درد

დაზიანება

ټپ

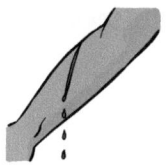

სისხლდენა

وینه تویدل

გულის შეტევა

د زړه حمله

ინსულტი

ضرب

ალერგია

حساسیت

ხველა

ټوخی

ცხელება

تبه

გრიპი

انفلوینزا

დიარეა

نس ناستی

თავის ტკივილი

سر درد

კიბო

سرطان

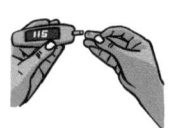

დიაბეტი

شکر

ქირურგი

جراح

სკალპელი

سکالپل

ოპერაცია

عملیات

კ.ტ.

سی.تی.

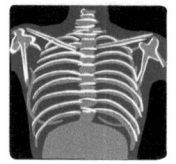

რენტგენი

ایکس ری

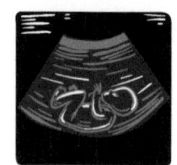

ულტრაბგერა

التراساوند

ნიღაბი

د مخ ماسک

დააავადება

ناروغي

მოსაცდელი ოთახი

انتظار خونه

ყავარჯენი

امسآ

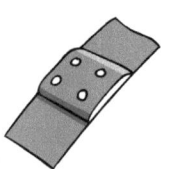

თამაშირი

پلستر

ბინტი

بنداژ

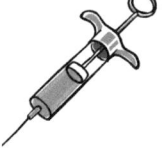

ინექცია

تزریق

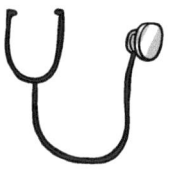

სტეტოსკოპი

ستاتسکوپ

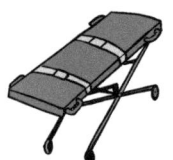

საპაცე

تسکیره

თერმომეტრი

کلینکي ترمامیتر

დაბადება

زیږون

ჭარბი წონა

زیات وزن

სმენის აპარატი

د اوریدو مرسته

სადეზინფექციო საშუალება

د عفونیت څخه پاکونکي مواد

ინფექცია

عفونیت

ვირუსი

ویروس

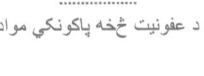

აივ / შიდსი

ایچ.آی.وی/ایډز

წამალი

درمل

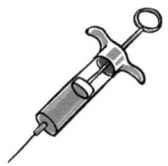

ვაქცინაცია

واکسین

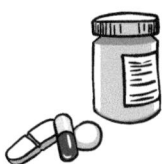

ტაბლეტები

ټابلیټس

აბი

ګولۍ

გადაუდებელი გამოძახება

عاجل تلیفون

წნევის საზომი აპარატი

د ویني د فشار څارونکی

ავადმყოფი / ჯანმრთელი

ناروغ/روغ

გადაუდებელი შემთხვევა
عاجل

დამეხმარეთ!

مرسته!

განგაში

الارم

თავდასხმა

يرغل

შეტევა

برید

საფრთხე

خطر

სათადარიგო გასასვლელი

عاجل لاره

ხანძარი!

اور!

ცეცხლსაქრობი

د اور وژونکی

უბედური შემთხვევა

پیښه

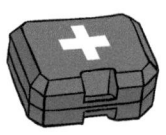

პირველადი დახმარების აფთიაქი

د لومړی مرستې لوازم

SOS

ایس.او.ایس

პოლიცია

پولیس

ევროპა
....
اروپا

ჩრდილოეთ ამერიკა
....
شمالي امریکا

სამხრეთ ამერიკა
....
سهیلي امریکا

აფრიკა
....
افریقا

აზია
....
آسیا

ავსტრალია
....
آسټریلیا

ატლანტიკა
....
اتلانتیک

წყნარი ოკეანე
....
پاسیفیک

ინდოეთის ოკეანე
....
د هند بحر

ანტარქტიკის ოკეანე
....
جنوبي منجمد بحر

ჩრდილოეთის ყინულოვანი ოკეანე
....
د شمال قطب بحر

ჩრდილოეთ პოლუსი
....
شمالي قطب

სამხრეთ პოლუსი

سهیلي قطب

ანტარქტიდა

انټارکټیکا

დედამიწა

ځمکه

ხმელეთი

ځمکه

ზღვა

بحر

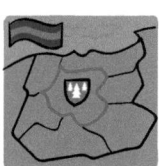

კუნძული

ټاپو

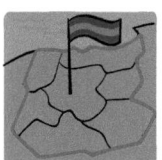

ერი

ملت

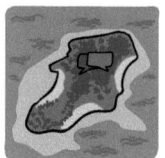

სახელმწიფო

دولت

საათი

ساعت

ციფერბლატი

د مخي ساعت

საათების ისარი

د ساعت ستنه

წუთების ისარი

د دقیقي ستنه

წამების ისარი

د ثانيي ستنه

რომელი საათია?

څه وخت دی؟

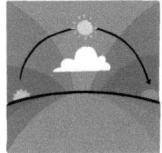

დღე

ورځ

დრო

وخت

ახლა

اوس

ციფრული საათი

ډیجیټل ساعت

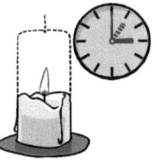

წუთი

دقیقه

საათი

ساعت

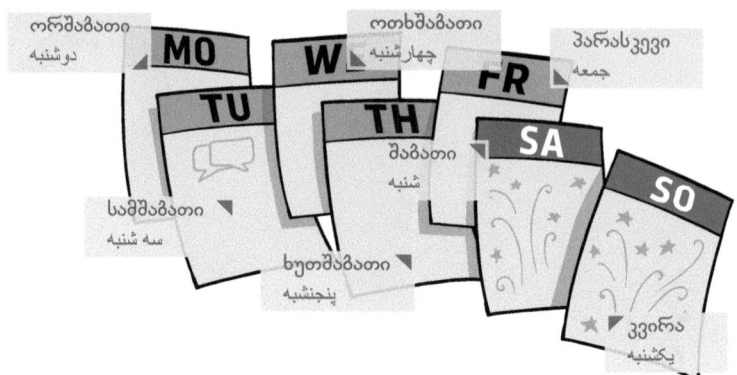

კვირა
اونۍ

ორშაბათი
دوشنبه
ოთხშაბათი
چهارشنبه
პარასკევი
جمعه
სამშაბათი
سه شنبه
შაბათი
شنبه
ხუთშაბათი
پنجشنبه
یکشنبه

გუშინ
پرون

დღეს
نن

ხვალ
سبا

დილა
سهار

შუადღე
غرمه

საღამო
ماښام

სამუშაო დღეები
کاري ورځې

შაბათი-კვირა
د اونۍ پای

წვიმა
باران
ცისარტყელა
رنګین کمان
ქარი
باد
თოვლი
واوره
გაზაფხული
پسرلی
შემოდგომა
منی
ზაფხული
اوړی
ზამთარი
ژمی

ამინდის პროგნოზი

د موسم وړاندوینه

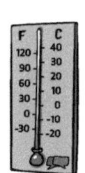

თერმომეტრი

ترمومیټر

მზის სხივი

د لمر وړانګې

ღრუბელი

وریځ

ნისლი

لړه

ტენიანობა

رطوبت

ელვა

رنڑا

ქუხილი

تندر

შტორმი

توفان

სეტყვა

ږلی ورېدل

მუსონი

مون سون باران

წყალდიდობა

سيلاب

ყინული

يخ

იანვარი

جنوري

თებერვალი

فبروري

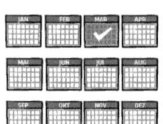

მარტი

مارچ

აპრილი

اپرېل

მაისი

مې

ივნისი

جون

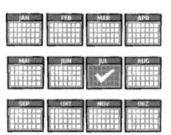

ივლისი

جولای

აგვისტო

اګست

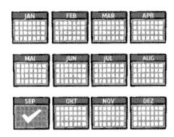

სექტემბერი

سپتمبر

ოქტომბერი

اکتوبر

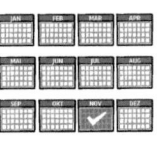

ნოემბერი

نومبر

დეკემბერი

دسمبر

ფორმები

شکلونه

წრე

دایره

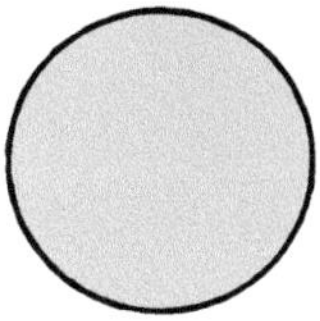

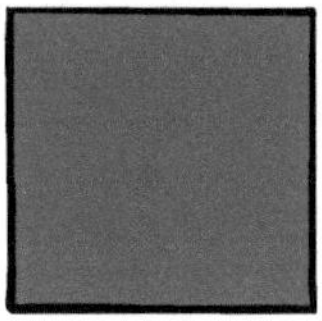

კვადრატი

مربع

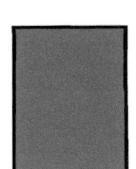

მართკუთხედი

مستطیل

სამკუთხედი

مثلث

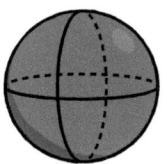

სფერო

توپ

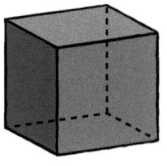

კუბი

فال

ფერები
رنگونه

თეთრი

سپین

ყვითელი

ژیړ

ნარინჯისფერი

نارنجي

ვარდისფერი

ګلابي

წითელი

سور

იისფერი

ارغواني

ცისფერი

نیلي

მწვანე

شین

ყავისფერი

نسواري

ნაცრისფერი

خړ

შავი

تور

ბევრი / ცოტა

خورا ډير/خورا لږ

გაბრაზებული / მშვიდი

قار/ارام

ლამაზი / მახინჯი

ښکلی/بدشکله

დასაწყისი / დასასრული

پیل/پای

დიდი / პატარა

لوی/کوچنی

ნათელი / მუქი

روښانه/تیاره

ძმა / და

ورور/خور

სუფთა / ჭუჭყიანი

پاک/ککړ

სრული / არასრული

مکمل/نامکمل

დღე / ღამე

ورځ/شپه

მკვდარი / ცოცხალი

مړ/ژوندی

განიერი / ვიწრო

پراخه/نری

საჭმელად ვარგისი / საჭმელად უვარგისი

د خوراک وړ/نه خوړل کیدونکی

ბოროტი / კეთილი

بد/مهربان

შთამბეჭდავი / მოსაწყენი

پاریدلی/بې خونده

სქელი / თხელი

چاق/وچ

პირველი / ბოლო

لومړی/وروستی

მეგობარი / მტერი

ملګری/دښمن

სრული / ცარიელი

ډک/تش

მყარი / რბილი

سخت/نرم

მძიმე / მსუბუქი

دروند/سپک

მოშიებული / მწყურვალე

لوږه/تنده

ავადმყოფი / ჯანმრთელი

ناروغ/روغ

არალეგალური / ლეგალური

غیرقانوني/قانوني

ინტელექტუალი / სულელი

هوښیار/ساده

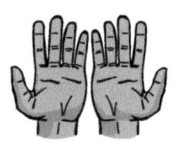

მარცხენა / მარჯვენა

کیڼ/ښي

ახლოს / შორს

نږدې/لرې

ახალი / გამოყენებული

....

نوی/زوړ

არაფერი / რაღაცა

....

هیڅ/یوڅه

მოხუცი / ახალგაზრდა

....

بډا/ځوان

ჩართვა / გამორთვა

....

چالان/بند

ღია / დახურული

....

خلاص/تړلی

ჩუმი / ხმამაღალი

....

غلی/لوړ غږ

მდიდარი / ღარიბი

....

بډایه/غریب

მართალი / მტყვანი

....

صحید/غلط

უხეში / გლუვი

....

زیږ/ملایم

სევდიანი / ბედნიერი

....

خفه/خوښ

მოკლე / გრძელი

....

لنډ/اوږد

ნელი / სწრაფი

....

سست/ګړندی

სველი / მშრალი

....

لوند/وچ

თბილი / გრილი

....

ګرم/یخ

ომი / მშვიდობა

....

جګړه/سوله

რიცხვები

شميرې

0	1	2
ნული	ერთი	ორი
صفر	يو	دوه
3	4	5
სამი	ოთხი	ხუთი
درې	څلور	پنځه
6	7	8
ექვსი	შვიდი	რვა
شپږ	اوه	اته
9	10	11
ცხრა	ათი	თერთმეტი
نهه	لس	يولس

12
თორმეტი
دولس

13
ცამეტი
ديارلس

14
თოთხმეტი
څوارلس

15
თხუთმეტი
پنځلس

16
თექვსმეტი
شپاړس

17
ჩვიდმეტი
وولس

18
თვრამეტი
اتلس

19
ცხრამეტი
نولس

20
ოცი
شل

100
ასი
سل

1.000
ათასი
زر

1.000.000
მილიონი
ميليون

ენები
ژبې

ინგლისური

انګلسي

ამერიკული ინგლისური

امریکایی انګلسي

ჩინური მანდარინი

چینایی مندرین

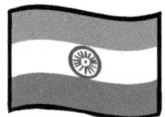

ჰინდი

هندي

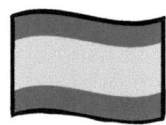

ესპანური

هسپانوي

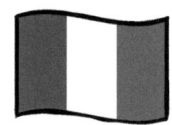

ფრანგული

فرانسوي

არაბული

عربي

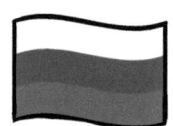

რუსული

روسي

პორტუგალიური

پرتګالي

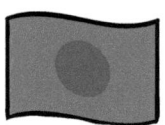

ბენგალური

بنګالي

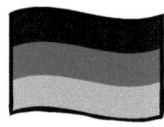

გერმანული

آلماني

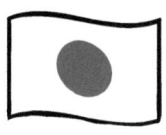

იაპონური

جاپاني

ვინ / რა / როგორ

څوک/څه/څنګه

მე

....

زه

შენ

....

ته

ის / ის / იგი

....

هغه/دغه/دا

ჩვენ

....

موږ

თქვენ

....

تاسي

ისინი

....

دوی/هغوی

ვინ?

....

څوک؟

რა?

....

څه؟

როგორ?

....

څنګه؟

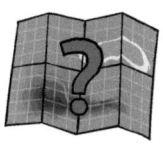

სად?

....

چیرې؟

როდის?

....

کله؟

სახელი

....

نوم

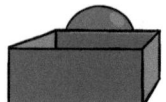

სად

چیرې

უკან

شاته

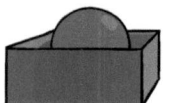

შიგნით

په

წინ

په مخه کي

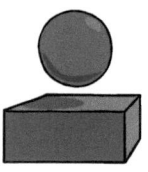

ზედ

باندې

=-ზე

په

ქვეშ

لاندې

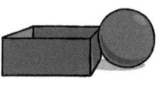

გვერდით

برسيره پر

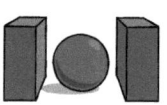

შორის

ترمينځ

ადგილი

ځای